Cozinha para 2

RECEITAS SEM FOGÃO, SEM COMPLICAÇÃO

CAROL THOMÉ e DUCA MENDES

Ilustrações Carol Rocha

BelasLetras

© Carol Thomé e Duca Mendes, 2014

Editor
Gustavo Guertler

Assistente editorial
Manoela Prusch Pereira

Projeto gráfico
Duca Mendes e Carol Thomé

Capa
Duca Mendes e Carol Thomé

Fotos
Carol Thomé

Ilustrações
Carol Rocha

Revisão
Felipe Boff

Adaptação
Celso Orlandin Jr.

Dados Internacionais de Catalogação na Fonte (CIP)
Biblioteca Pública Municipal Dr. Demetrio Niederauer
Caxias do Sul, RS

T452	Thomé, Carol
	Cozinha para 2 / Carol Thomé; Duca Mendes. Caxias do Sul, RS: Belas-Letras, 2014.
	108 p., 20 cm.
	ISBN 978-85-8174-159-8
	1. Gastronomia. 2. Estilo de vida. I. Título
13/69	CDU: 641.55

Catalogação elaborada por
Cássio Felipe Immig, CRB-10/1852

IMPRESSO NO BRASIL

[2014]
Todos os direitos desta edição reservados à
EDITORA BELAS-LETRAS LTDA.
Rua Coronel Camisão, 167
Cep: 95020-420 – Caxias do Sul – RS
Fone: (54) 3025.3888 – www.belasletras.com.br

APRESENTAÇÃO

Fome. Acho que esse sentimento resume muito bem minha vida enquanto eu crescia nos anos 90. Aquela famosa fome-de-não-sei-bem-o-quê. Uma fome insistente. Dessas que ardem na barriga vazia. Uma fome de contato, de coisas para fazer, de chegar em algum lugar. Eu não tinha dinheiro, grandes planos para o futuro, nem muitos amigos. Tinha só essa fome — e recursos bem escassos para me resolver com ela.

A comida em si sempre foi um grande mistério para mim. Era uma coisa de mamães e vovós. Guardada em cozinhas fechadas onde era bom não entrar para não atrapalhar. Por isso mesmo, nunca parei muito para pensar no que transformava aquele mundaréu de ingredientes no estrogonofe bonito ou na carne de panela quentinha que enchiam meu prato. Cresci em uma época em que as cozinhas eram dominadas por gente como Ofélia, Ana Maria Braga e Olivier Anquier — gente que para mim era tão real quanto qualquer personagem de novela.

O tempo passou, minha vida melhorou, novos ingredientes começaram a povoar minha geladeira... Até que um dia, por puro tédio e acaso, decidi ver o que havia de culinária naquele site em que eu gostava de assistir uns vídeos engraçados... um tal de YouTube. Descobri o Larica Total, que passava num canal que eu não tinha na TV. Descobri também vários outros vídeos. Comecei então meu próprio canal de culinária (ou quase), o Rolê Gourmet, com um grande e velho amigo meu, PC Siqueira. Feito uma criança em escola nova, saí atrás dos meus novos amigos naquele lugar. E encontrei um punhado deles. Gente com a mesma fome. Gente como a Carol e o Duca, "o casal fofinho do Cozinha Para 2", que estavam fazendo a mesma coisa que eu, mas de um jeito totalmente diferente. E fantástico.

Este livro todo bonitão e bacanudo que você tem em mãos não é só um apanhado de receitas. Não é só um lance maneiro para enfeitar sua estante. É um pedacinho dessa revolução. Desse movimento que deu voz, cara e — principalmente — sabor para muita gente que até então nunca tinha nem pensado em ver a cozinha como algo além de um espaço no caminho até a área de serviço. Hoje, confesso, ainda não posso dizer que já não sinto mais fome. Mas hoje, hoje eu sei que essa fome é uma fome boa. Não é mais uma fome-de-não-sei-bem-o-quê. É uma fome de oba-ainda-cabe-mais!

Ainda cabe muito mais.

Otávio Albuquerque
Diretor Tastemade Brasil / Criador e apresentador do canal *O Rolê Gourmet*

INTRODUÇÃO

Uma das coisas mais gostosas da nossa "vida de casal" é comer juntos. Enquanto a gente almoça, pensa no que vai comer no jantar. A nossa vida social é comandada pelo nosso apetite: convidamos amigos para churrascos, marcamos reuniões com clientes em cafés, gostamos de ir a restaurantes em datas comemorativas. Em casa inventamos comidinhas nos finais de semana e preparamos nossas refeições quase todos os dias. Por conta da nossa vida corrida, sem rotina e também pela nossa falta de "habilidades culinarísticas", eu e o Duca temos que nos virar na cozinha.

Do meu pai, eu herdei o prazer de comer. Da minha mãe, a preguiça de fazer comida. Quando eu e o Duca fomos morar juntos e descobri que ele não sabia fazer absolutamente nada na cozinha, pensei: estamos lascados e não podemos viver de *delivery*. O *Cozinha para 2* é um retrato do nosso cotidiano: temos vontade de comer coisas boas, mas não temos paciência para preparar receitas complicadas. Para mim, sinônimo de receita fácil é colocar todos os ingredientes em um recipiente e levá-lo ao forno ou ao micro-ondas. Não temos fogão em casa e vivemos muito bem assim. Às vezes preciso reinventar algumas receitas que são tradicionalmente preparadas no fogo, e isso tem sido surpreendente. Na maioria das tentativas dá certo e acabamos comendo uma versão até mais saudável de algo que antes era frito e, em casa, preparamos em uma versão assada.

Quando conheci o Duca, eu sabia que tinha encontrado o melhor namorado, amigo e parceiro de garfo. Embora a gente tenha relações totalmente diferentes com a comida, isso nunca nos atrapalhou. Comer para ele é uma necessidade. Para mim é afeto. Ele come para sobreviver. Eu como por prazer. Ele prefere doces. Eu prefiro salgados. Para ele, quase tudo está bom. Comigo a coisa é bem diferente, não admito quem erra na batata frita. O Duca, por sua vez, não sabe distinguir entre batata, polenta e mandioca. Rimos muito disso tudo e justamente por todas as nossas diferenças é que o nosso relacionamento é tão legal. E quando concordamos que uma receita é muito boa, a gente divulga no *Cozinha para 2*.

As receitas deste livro, por exemplo, vão muito além da comida para nós. Por trás de cada prato que apresentamos aqui, há uma história para contar. Também podemos afirmar que para cada mordida há um beijo apaixonado. Esperamos que os nossos leitores se identifiquem com os sabores da nossa cozinha e do nosso amor.

Carol Thomé

ÍNDICE

PIZZA DE PÃO 9

CHEESECAKE DE MORANGO MAIS FÁCIL DO MUNDO 11

OVO E BACON ASSADOS NA BATATA 13

CUPCAKE DE OMELETE COM BACON 15

MOUSSE KIT KAT .17

DOGUITOS: APERITIVO DE HOT DOG AO FORNO 19

CROQUE MADAME MUFFINS 21

MOLHO PESTO 23

BOLO DE COCA-COLA 25

CHEESEBURGER WRAP 27

COZINHA PARA CACHORRO: ESTROGONOFE DE LEGUMES 29

MUFFIN DE MAIONESE COM ERVAS 31

QUICHE DE CANECA 33

QUEIJADINHA 35

TORTA DE MIOJO .37

CROQUE MONSIEUR DE POTINHO 39

ARROZ-DOCE DE MICRO-ONDAS 41

BOLO DE CHOCOLATE DE CANECA 43

PÃO COM OVO CHIC 45

PÃO DE QUEIJO FIT 47

PIZZA DE CARNE PARA COMEMORAR O DIA DA PIZZA 49

BRIGADEIRO DE FARINHA LÁCTEA NO MICRO-ONDAS 51

CUPCAKE DE AZEITE E CANELA 53

CHOCOLATE QUENTE DE NUTELLA 55

CARNE MOÍDA FEITA NO FORNO 57

LASANHA DE BISCOITO 59

MAC AND CHEESE 61

COMO FAZER ARROZ SOLTINHO NO MICRO-ONDAS 63

SORVETE FIT 65

TORTA DO QUE TIVER 67

COZINHA PARA CACHORRO: PETISCO RÁPIDO 69

TORRADAS COM MANTEIGA DE CHOCOLATE 71

BRIGADEIRO DE NUTELLA COM FAROFA DE NOZES. 73

PIPOCA FIT 75

TORTA RABANADA 77

CHEESECAKE OREO 79

ARROZ CREMOSO DE FORNO. 81

SUCO DRENANTE 83

MINIABÓBORAS RECHEADAS 85

BEIJINHO CREMOSO DE MICRO-ONDAS 87

SORVETE DE ALFACE. 89

CUPCAKE DE FERRERO ROCHER COM NUTELLA. 91

ALHO ASSADO 93

BOLOVO FIT (INSPIRADO NA DIETA DUKAN) 95

COZINHA PARA CACHORRO: VITAMINA 97

BRIGADEIRO DE LEITE EM PÓ 99

PUDIM DE MICRO-ONDAS 101

O FABULOSO CREME DE MILHO 103

PUDIM DE CHOCOTTONE 105

GELATINA DE CHAMPANHE 107

pizza de pão

PIZZA DE PÃO

Aquele pãozinho amanhecido ainda pode render suspiros num jantar a dois com esta receita simples e gostosa. A pizza de pão foi uma das primeiras comidinhas que eu e o Duca fizemos juntos, isso foi bem no começo do nosso namoro, em 2008. Nos conhecemos pelo Flickr, conversamos pelo Orkut e nos casamos no dia em que nos vimos. Desde então, preparamos essa receita e já testamos diversos ingredientes para variar os sabores, mas sempre preferimos o tradicional, com molho de tomate, queijo e bastante orégano. Acho que esse é o sabor que nos traz as boas lembranças de quando a gente ainda estava no começo do namoro e passava horas tomando vinho, beliscando esses pãezinhos e jogando conversa fora. Cozinhar é uma forma de amar, e nós aprendemos isso desde o dia em que passamos a viver juntos e a cuidar um do outro.

MODO DE PREPARO

1. Corte os pães em rodelas e coloque-os em uma bandeja que possa ir ao forno.
2. Coloque molho de tomate, mussarela e orégano a gosto em cada rodela.
3. Leve ao forno pré-aquecido por 20 minutos a 180°C.

DICA

Se você gosta do pão bem torradinho, deixe alguns minutos a mais no forno.

RENDIMENTO: 2 pessoas

INGREDIENTES

2 pães amanhecidos

Mussarela

Orégano

Molho de tomate

cheesecake de morango mais fácil do mundo

CHEESECAKE DE MORANGO MAIS FÁCIL DO MUNDO

Nós amamos cheesecake e sempre tivemos a convicção de que fazer uma sobremesa dessas seria difícil e frustrante. Muitas vezes a gente coloca altas expectativas no resultado de um prato, não é mesmo? Eu tive várias experiências muito desanimadoras na cozinha. Sou um pouco desastrada e isso dificulta as coisas. Preciso de muita atenção e concentração quando vou cozinhar, eu não domino técnicas culinárias e não sei coisas básicas, aprendo tudo pesquisando na web. Também tenho a impressão de que sujo muito mais do que o necessário quando preparo alguma receita. Um dia descobrimos por acaso como preparar o "cheesecake de morango mais fácil do mundo" e, se eu e o Duca conseguimos fazer, você também conseguirá.

MODO DE PREPARO

1. Misture o cream cheese, o açúcar e a baunilha.
2. Corte a tampa dos morangos e retire o miolo.
3. Recheie os morangos com o creme.
4. Para finalizar, passe os morangos com a parte do creme na farofa doce.

DICA

A farofa doce pode ser feita com biscoitos ao leite ou chocolate triturados.

RENDIMENTO: 2 pessoas

INGREDIENTES

200g de cream cheese

1 colher (chá) de extrato de baunilha

Farofa doce

10 morangos

2 colheres (sopa) de açúcar

ovo e bacon assados na batata

OVO E BACON ASSADOS NA BATATA

Esta receita é genial e não se trata de uma simples batata recheada. Neste prato a batata é coadjuvante, ovos e bacon fazem os papéis principais, são o casal perfeito e ficam juntos no final. Um dia o Duca me disse que o bacon é auto-suficiente e eu discordei. O bacon tem muita personalidade, mas ele precisa de um contraponto. Uma base. Ele precisa do ovo! É como um relacionamento. Cada um tem o seu "sabor", mas juntos eles ficam mais saborosos e, ainda assim, mantêm os seus sabores individuais. A apresentação desse prato pode ser considerada uma delícia à parte por ser uma forma criativa de servir a tríade "batata, ovos e bacon". Por fim, eu prefiro ovo, o Duca prefere bacon, mas os dois juntos são imbatíveis.

MODO DE PREPARO

1. Cozinhe as batatas.
2. Tire parte do recheio das batatas, formando uma espécie de canoa.
3. Coloque 1 ovo e bacon a gosto dentro de cada batata.
4. Adicione sal a gosto.
5. Leve ao forno por 30 minutos a 200°C.

DICA

Sirva com cheddar.

RENDIMENTO: 2 pessoas

INGREDIENTES

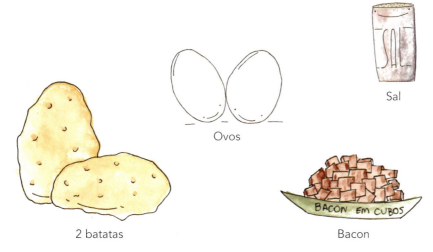

CUPCAKE DE OMELETE COM BACON

Fizemos um cupcake totalmente extraordinário de omelete com bacon e muito, muito amor! Se um dia você estiver com vontade de comer alguma coisa gostosa, quer dizer, muito gostosa, mas não sabe exatamente o que, pode apostar nessa receita. São só 3 ingredientes e 20 minutos no forno. De tão boa que é, mesmo se a receita der errado, ela vai dar certo. Perfeita para um café da manhã no domingão, sozinha(o) ou acompanhada(o). Eu e o Duca já acordamos várias vezes com fome no final de semana, fizemos esses cupcakes e voltamos a dormir. Sugiro que você faça o mesmo. :)

MODO DE PREPARO

1. Bata os ovos e coloque sal a gosto.
2. Prepare as forminhas de cupcakes com as fatias de bacon em círculos. Cada fatia deve servir como "molde" para o omelete.
3. Coloque o omelete nas formas, encha 3/4 de cada uma e tenha cuidado para que o bacon permaneça em volta dos ovos.

DICA

Sirva com geleia de pimenta.

RENDIMENTO: 2 pessoas

INGREDIENTES

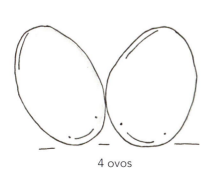

4 ovos

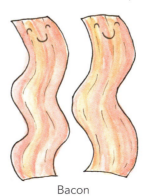

Bacon

Sal a gosto

MOUSSE KIT KAT

O Duca é fanático por doces e diz que não acredita em quem não gosta de chocolate. Confesso que não curto pessoas que cultivam obsessões por comida. E ele é assim com Kit Kat, obsessivo. hahahaha!

Se deixar, ele come 1, 2, 3, 10! Eu sou a chata que controla e esconde os doces. Aos poucos ele deixou de cometer alguns excessos de um típico "chocólatra" e, sendo assim, passamos a preparar receitas doces no CP2 com mais frequência. Nós discordamos em muitas coisas em relação a comida, mas quando o assunto é mousse de Kit Kat não temos nenhuma dúvida, concordamos que é uma das melhores receitas que já fizemos. Certamente, uma das nossas preferidas. <3

MODO DE PREPARO

1. Derreta a barra de chocolate no micro-ondas. Deixe esquentar por 30 segundos, mexa e repita o processo até ficar completamente derretida.
2. Misture o chocolate derretido com o creme de leite.
3. Bata as claras em neve. O ponto certo é quando elas estão bem firmes e ficam presas ao garfo.
4. Misture as claras em neve ao chocolate com creme de leite.
5. Corte as 3 barras de Kit Kat em pedaços e misture na massa.
6. Coloque em potinhos e leve à geladeira até ficar consistente.
7. Adicione pedaços de Kit Kat em cima da mousse para finalizar.

DICA

Na etapa 4, faça movimentos circulares do centro para fora. Isso ajuda a deixar a massa bem aerada.

RENDIMENTO: 4 pessoas

INGREDIENTES

200g de Kit Kat

200g de chocolate meio amargo

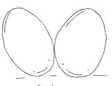
3 claras

200g de creme de leite

doguitos: aperitivo de hot dog ao forno

DOGUITOS: APERITIVO DE HOT DOG AO FORNO

O cachorro-quente é uma comida democrática. Você já pensou nisso? Cada região brasileira tem os seus costumes e o seu "recheio oficial". Em São Paulo, por exemplo, é comum comer com purê de batata. Já no nordeste, assim como em Rio Preto (minha cidade natal), o hot dog tem carne moída. Gostamos muito quando a cultura local influencia na culinária popular. E já que o cachorro-quente é tão versátil, fizemos esta versão que pode ser servida como aperitivo e que carinhosamente apelidamos de doguitos.

MODO DE PREPARO

1. Amasse os pães de forma para que eles fiquem mais finos. Isso vai facilitar na hora de enrolar.
2. Coloque o cheddar sobre o pão.
3. Coloque a salsicha sobre o pão com cheddar e enrole.
4. Leve ao forno por 20 minutos a 180°C.

DICA

Sirva com maionese, catchup e batatas chips.

RENDIMENTO: 2 pessoas

INGREDIENTES

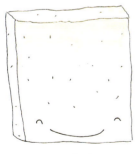

4 pães de forma

4 salsichas

4 fatias de cheddar

croque madame muffins

CROQUE MADAME MUFFINS

O fato de não termos fogão em casa não nos limita. Acrescentar um ovo no lanche, por exemplo, não é problema, não precisamos de fogo e frigideira para isso. Nós conseguimos reinventar algumas formas de preparar certos alimentos no forno ou no micro-ondas e chegou a vez do Croque Madame. Esta receita é francesa, e lá na França eles servem o ovo frito em cima do pão, que é recheado com presunto, queijo e molho. Nesta versão assada, o lanche parece um bolinho, e a apresentação fica muito fofa e criativa.

MODO DE PREPARO

1. Em uma forma redonda pequena, acomode uma fatia de pão de maneira que ela forme uma trouxinha.
2. Molhe o pão com creme de leite fresco e adicione a mussarela, o presunto e, por último, acrescente o ovo.
3. Leve ao forno pré-aquecido a 200°C por 25 minutos.

DICA

O presunto Parma pode ser substituído por presunto cozido ou peito de peru.

RENDIMENTO: 2 pessoas

INGREDIENTES

2 pães de forma

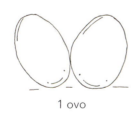
1 ovo

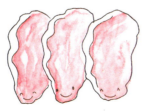
Presunto Parma

Mussarela

Creme de leite fresco

MOLHO PESTO

O Duca gosta muito de massas mas nunca sai do molho branco ou bolonhesa. Um dia perguntei se ele já tinha experimentado macarrão ao pesto e ele nem sabia do que se tratava. Resolvi preparar esta receita. Fiquei com certo receio pois o Duca tem muito preconceito com folhas. A cozinha estava aromatizada pelo manjericão e ele perguntou: o que é isso? Macumba? Aos risos, respondi que não, que eu estava preparando algo diferente para ele. Curioso, ele olhou o manjericão no mixer e disse: Não tem como fazer sem as folhas? Ri e respondi que o manjericão é o ingrediente principal. Como uma criança, ele afirmou que não iria gostar daquilo, mas depois de comer gostou. Aprendeu a fazer e hoje é ele quem prepara o macarrão ao pesto para mim.

MODO DE PREPARO

1. Separe as folhas do manjericão.
2. Triture todos os ingredientes no mixer ou no liquidificador.

DICA

O molho pesto é muito versátil e pode ser servido com macarrão, lanches, torradas ou saladas.

RENDIMENTO: 4 pessoas

INGREDIENTES

1 maço de manjericão

2 dentes de alho

1/2 xícara (chá) de parmesão

1/2 xícara (chá) de nozes

1 colher (chá) de sal

1 xícara (chá) de azeite

bolo de coca-cola

BOLO DE COCA-COLA

Quarta-feira de Cinzas é um dia estranho. Estranho para quem pulou o Carnaval e estranho para quem não pulou, afinal, é um "semiferiado" e por isso você tem até as 14h para se recuperar, dar os últimos suspiros e se despedir da folia (ou do sofá). A rotina e a volta ao trabalho muitas vezes não animam tanto e ficamos meio tristonhos. Exatamente por isso pensamos em fazer uma receita bem gostosa para saborear na Quarta-feira de Cinzas e usamos ingredientes idolatrados para preparar o fantástico Bolo de Coca-Cola, que, comprovadamente por nós, é uma sobremesa que cura a ressaca e a deprê do pós-Carnaval.

MODO DE PREPARO

1. Separe as gemas das claras.
2. Bata as claras em neve.
3. Misture tudo e coloque em uma forma de bolo.
4. Leve ao forno pré-aquecido por 40 minutos a 180°C.

DICA

Sirva com cobertura de chocolate.
Veja a receita na página 43.

RENDIMENTO: 4 pessoas

INGREDIENTES

355ml de Coca-Cola

1 xícara (chá) de açúcar

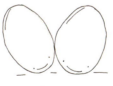

4 ovos

2 xícaras (chá) de farinha com fermento

CHEESEBURGER WRAP

Nós somos fanáticos por sanduíches e ficamos totalmente descontrolados quando sentimos o cheirinho de um bom cheeseburger. Criamos listas periódicas que elencam as melhores lanchonetes que a gente conhece e também temos uma lista dos melhores lanches que já comemos. Quando estamos de dieta, logo pensamos em dar um jeito de não tirar o cheeseburger do nosso cardápio. Pensando nisso elaboramos o cheeseburger wrap, um lanche super prático e bem mais leve do que os tradicionais.

MODO DE PREPARO

1. Tempere a carne moída com sal e azeite e leve ao forno por 30 minutos a 180°C. Após o cozimento, deixe-a soltinha com a ajuda de um garfo.
2. Monte os wraps com o queijo, a carne moída e enrole-os.
3. Leve ao forno por 15 minutos a 180°C.

DICA

Sirva com maionese, catchup e batatas chips.

RENDIMENTO: 2 pessoas

INGREDIENTES

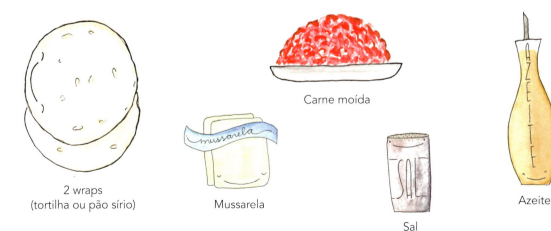

2 wraps (tortilha ou pão sírio)

Mussarela

Carne moída

Sal

Azeite

COZINHA PARA CACHORRO: ESTROGONOFE DE LEGUMES

A série especial de receitas do "Cozinha para Cachorro" foi feita pensando em todas as pessoas que, assim como nós, têm um cãozinho. O Tayson é a nossa alegria de viver, ele nos faz tão bem e nos proporciona tantas alegrias que fica difícil imaginar a vida sem ele. Durante as gravações do CP2 ele fica nos rodeando, atento aos nossos movimentos e ao cheirinho de comida. O Tayson come ração, mas perguntamos para a Janaína Reis, nossa veterinária, se seria possível preparar algumas receitas especialmente para cachorros, para que ele pudesse comer algo diferente de vez em quando. E ela nos disse que sim e que nos orientaria. Começamos esta série pelo estrogonofe de legumes, receita fácil e muito nutritiva.

MODO DE PREPARO

1. Cozinhe os legumes e misture-os com o creme de soja.
2. Adicione um pouco de bifinho ralado para cães e pronto!

DICA

Troque o bifinho por batata palha e está pronta a "versão humana" desta receita.

RENDIMENTO: 1 cachorro pequeno

INGREDIENTES

1/4 de
Brócolis

1/2
Cenoura

1/4 de
Couve-flor

2 colheres (sopa)
de creme de soja

Bifinho ralado
a gosto

ATENÇÃO: O "Cozinha para Cachorro" foi produzido com a consultoria da veterinária Janaína Reis. As receitas são complementares à alimentação que o seu cachorro já está acostumado, elas não substituem a ração. É importante ressaltar que alguns animais podem ter hipersensibilidade a algum ingrediente, mesmo que esse ingrediente tenha indicação para pets. Nesse caso, recomendamos que você procure um veterinário, que indicará a dieta ideal ao seu cão.

MUFFIN DE MAIONESE COM ERVAS

Eu e o Duca adoramos maionese, mas arriscamos experimentar esta receita com certa desconfiança. Sempre ouvimos que a maionese, quando vai ao forno, estraga, e descobrimos que isso não é verdade. Fizemos os cupcakes de maionese com ervas e nos surpreendemos com a gostosura desses bolinhos. Além disso, a casa ficou muito perfumada enquanto eles estavam no forno.

Um ponto forte desta receita é que ela é realmente fácil: basta misturar todos os ingredientes em um recipiente e colocar para assar. Para quem não é muito fã de maionese, nós garantimos que o sabor dela fica bem suave.

MODO DE PREPARO

1. Em um recipiente, misture todos os ingredientes.
2. Coloque a massa em forminhas para muffin.
3. Leve ao forno por 20 minutos a 180°C.

DICA

Decore os muffins com maionese.

RENDIMENTO: 2 pessoas

INGREDIENTES

1 xícara e meia (chá) de farinha de trigo com fermento

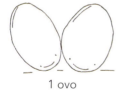

1 ovo

4 colheres (sopa) de maionese

3/4 de xícara (chá) de leite

100g de parmesão ralado

Orégano e cheiro-verde

quiche de caneca

QUICHE DE CANECA

Nós amamos receitas de micro-ondas, mas sabemos que elas precisam ser realmente boas para ficarem saborosas e entrarem oficialmente para o nosso cardápio. Já errei muito tentando preparar comida no micro-ondas e sei que quando uma "receita de micro" não dá certo, ela, além de ficar ruim, faz muita sujeira, mas esse não é o caso. Essa quiche de caneca está aprovada, já fizemos várias vezes e, além de fácil, é versátil, você pode variar os ingredientes do recheio de acordo com o seu gosto ou com o que tiver na sua geladeira.

MODO DE PREPARO

1. Misture a farinha com o leite, óleo, fermento, sal e o recheio.
2. Utilize 2 canecas e coloque uma colher de requeijão no fundo de cada uma.
3. Adicione a mistura até metade de cada caneca.
4. Coloque uma caneca de cada vez no micro-ondas, por 3 minutos, em potência alta.
5. Finalize com cheiro-verde.

DICA

Nós gostamos da quiche bem tostadinha em cima. Por isso, deixamos 1 minuto a mais no micro-ondas.

RENDIMENTO: 2 pessoas

INGREDIENTES

4 colheres (sopa) de farinha de trigo com fermento

3 colheres (sopa) de óleo

2 colheres (sopa) de requeijão

Recheio: queijo e presunto picados

200ml de leite

Sal a gosto

33

QUEIJADINHA

Em junho tem o Dia dos Namorados, e é o mês das festas juninas. Por isso fizemos queijadinhas para celebrar o nosso amor num estilo meio "caipira". Esta receita é aquela que vem atrás do pacotinho de coco ralado, super tradicional, todo mundo é capaz de fazer. Tem gente que duvida que vai dar certo porque não tem farinha nem fermento entre os ingredientes. Acontece uma espécie de mágica quando a gente mistura coco ralado e leite condensado, coloca no forno e isso vira um bolo. Eu sou dessas que ficam realmente impressionadas quando veem algo desse tipo acontecendo na minha cozinha. Quando fiz as queijadinhas pela primeira vez pensei que não fossem ficar boas e ficaram ótimas. Foi amor à primeira mordida.

MODO DE PREPARO

1. Misture todos os ingredientes.
2. Coloque a massa em forminhas para cupcakes.
3. Leve ao forno pré-aquecido a 200°C por 30 minutos ou até que fiquem douradas e bem assadas.

DICA

Se você não tiver forminhas para cupcakes, faça em uma travessa e você terá uma "torta queijadinha".

RENDIMENTO: 4 pessoas

INGREDIENTES

50g de coco ralado

50g de parmesão ralado

1 lata de leite condensado

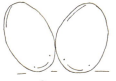

2 ovos

torta de miojo

TORTA DE MIOJO

Revolucionamos a tradicional receita do miojo e preparamos uma torta com este macarrão que a gente ama. Há anos comemos o miojo exatamente do mesmo jeitinho, inclusive temos certas manias. Eu gosto do miojo mais molhadinho, o Duca prefere mais seco. Adoro colocar um pouco de manteiga e azeite, e não uso o tempero que vem no saquinho. Já o Duca gosta do miojo bem temperado. A torta de miojo é uma ótima opção para sair da rotina. Veja com os seus próprios olhos e experimente fazer, porque além de ficar muito bom, este prato faz o maior sucesso com os amigos.

MODO DE PREPARO

1. Para fazer o molho, misture o creme de leite com o molho de tomate e 1 pacote de tempero de miojo.
2. Coloque o miojo no micro-ondas por 5 minutos para soltar os fios.
3. Misture o miojo com o molho e adicione o queijo e o peito de peru.
4. Coloque em uma forma própria para forno.
5. Leve ao forno por 40 minutos a 180°C.

DICA

Para a torta ficar crocante em cima, adicione parmesão ralado antes de levar ao forno.

RENDIMENTO: 4 pessoas

INGREDIENTES

2 miojos

240g de molho de tomate

100g de peito de peru em pedaços pequenos

200g de creme de leite

100g de queijo em pedaços pequenos

croque monsieur de potinho

CROQUE MONSIEUR DE POTINHO

O "Croque Monsieur" é um tradicional sanduíche francês, servido em bares parisienses desde 1900. A gente costuma dizer aqui em casa que ele é um misto-quente metido, cheio de frescuras. A receita é basicamente a mesma: pão com queijo e presunto tostados. A diferença é que o pão do croque monsieur deve ser molhado em creme de leite fresco ou molho bechamel, e isso muda tudo, você vai perceber logo na primeira mordida. Com o tempo surgiram variações da receita tradicional. Na nossa versão, por exemplo, substituímos o queijo tipo gruyère pelo queijo mussarela. Pode-se fazer com o presunto cozido, mas a gente não dispensa o Parma. O gosto fica ainda melhor se for saboreado a dois. ;)

MODO DE PREPARO

1. Coloque uma fatia de pão de forma em cada potinho e molhe os pães com creme de leite fresco.
2. Adicione o queijo, o presunto e pimenta a gosto.
3. Coloque as outras fatias dos pães de forma por cima do recheio e adicione mais creme de leite fresco.
4. Adicione parmesão ralado e leve ao forno pré-aquecido por 15 minutos a 220°C ou até gratinar.

DICA

Gostamos do pão de forma, mas sabemos que com brioche também fica delicioso.

RENDIMENTO: 2 pessoas

INGREDIENTES

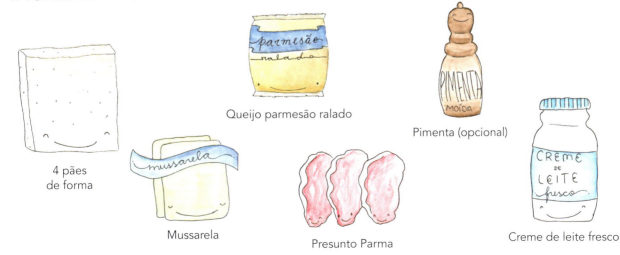

4 pães de forma

Queijo parmesão ralado

Pimenta (opcional)

Mussarela

Presunto Parma

Creme de leite fresco

ARROZ-DOCE DE MICRO-ONDAS

O mês de junho tem um gostinho especial por causa das comidas das festas juninas. Desde pequena sempre participei dessas comemorações, era uma alegria comer de tudo um pouco sem nenhum peso na consciência. Pipoca com chocolate quente, maçã do amor com pamonha. Haja estômago! O Duca me contou que ele ia nas festinhas só para beijar alguma menina que ele paquerava da escola, nunca ligou para a comida. Isso mudou depois que nos conhecemos, fui mostrando para ele que as comidas típicas juninas são deliciosas. Comecei pelo arroz-doce e ele gostou muito. Esta é uma ótima opção para as sobremesas rápidas do dia a dia.

MODO DE PREPARO

1. Misture o arroz e a água e leve ao micro-ondas por 15 minutos.
2. Retire do micro-ondas, adicione o leite condensado, o leite Ninho e misture.
3. Leve novamente ao micro-ondas por 5 minutos.
4. Sirva em copinhos e finalize com canela.

DICA

Nós usamos o arroz parboilizado, esse tipo de arroz é mais fácil de preparar.

RENDIMENTO: 4 pessoas

INGREDIENTES

1 xícara (chá) de arroz

395g de leite condensado

2 xícaras (chá) de água

1 colher (sopa) de leite em pó

1 colher (chá) de canela em pó

bolo de chocolate de caneca

BOLO DE CHOCOLATE DE CANECA

Bolo de chocolate é um clássico e, diga-se de passagem, um clássico que eu e o Duca não tínhamos a mínima noção de como preparar. Logo no início do nosso casamento a gente resolveu fazer um bolo de chocolate e pesquisamos algumas receitas na web. Seguimos o passo a passo e criamos uma certa expectativa. Tudo parecia ótimo até o bolo sair do forno. Ele tinha um aspecto da superfície da Lua. O Duca comeu tudo e repetia a cada mordida: dá para comer. Um tempão depois a gente testou algumas receitas até chegar nesta que fica perfeita! Pronto em poucos minutos e, na minha opinião, melhor do que muitos bolos de forno que eu já comi por aí. Sem dúvidas, muito melhor do que o meu primeiro, que carinhosamente apelidamos de Bolo Lunar. :P

MODO DE PREPARO

1. Misture tudo e leve ao micro-ondas por 3 minutos.
2. Calda opcional: 1/2 lata de leite condensado, 1 colher (sopa) de chocolate em pó, 1 colher (sobremesa) de manteiga. Misture tudo e leve ao micro-ondas por 1 minuto.

DICA

Use uma caneca grande e larga para o bolo crescer uniformemente.

RENDIMENTO: 2 pessoas

INGREDIENTES

4 colheres (sopa) de farinha com fermento

4 colheres (sopa) de leite

4 colheres (sopa) de açúcar

1 ovo

2 colheres (sopa) de óleo

2 colheres (sopa) de chocolate em pó

pão com ovo chic

PÃO COM OVO CHIC

Quem não gosta de pão com ovo bom sujeito não é. Pão é o alimento mais gostoso do mundo, seguido do bacon e do ovo. Só por essa razão, o tradicional sanduíche de pão com ovo deveria ser canonizado. Fizemos a nossa versão "chic" deste clássico. Usamos o pão italiano e finalizamos a receita com salsinha e cebolinha. Não fritamos nada, o nosso pão com ovo é ao forno, o que torna a receita mais saudável e totalmente possível de ser preparada na nossa cozinha, afinal, não temos fogão. Essa é uma ótima dica para quem quer fazer um café da manhã especial, prático e sem sujeiras.

MODO DE PREPARO

1. Corte as tampas de 2 pães e retire parte do miolo, formando um buraco para o ovo.
2. Coloque 1 ovo no buraco de cada pão.
3. Leve ao forno pré aquecido a 180°C por 20 minutos.
4. Finalize com cheiro-verde.

DICA

Quanto à gema, a graça é comê-la mole, mas para quem prefere a gema dura, basta deixar alguns minutos a mais no forno.

RENDIMENTO: 2 pessoas

INGREDIENTES

2 pães italianos redondos

Cheiro-verde a gosto
(salsinha e cebolinha)

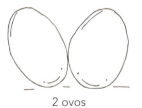

2 ovos

Sal a gosto

PÃO DE QUEIJO FIT

Pão de queijo não podia faltar no CP2, mas sempre que eu penso em todas as etapas do preparo me dá uma certa preguiça. Além disso, eu e o Duca precisamos ficar muito atentos em relação à ingestão dos carboidratos. Gostamos muito de massas, pães, arroz, batatas e, justamente por isso, devemos nos alertar, por uma questão de saúde. Aprendi a fazer algumas receitas fáceis de pães low-carb com as dicas da nossa personal, a Adriana Walch, que, além de nos treinar, faz um ótimo trabalho como terapeuta de casal. Eu e o Duca lavamos muita "louça suja" na academia. rsrsrs. Voltando à receita, fiz alguns testes e cheguei neste pãozinho de queijo super fit. Com poucos ingredientes e alguns minutos no forno, você terá um lanche leve e muito saboroso.

MODO DE PREPARO

1. Separe as gemas das claras.
2. Bata as claras em neve.
3. Misture as gemas, o cream cheese e o sal com as claras em neve.
4. Coloque uma colher da mistura em potinhos que possam ser levados ao forno.
5. Adicione o parmesão ralado.
6. Leve ao forno pré-aquecido por 25 minutos a 180°C.

DICA

Tirando o parmesão e substituindo o sal por açúcar, dá para fazer uma versão doce dessa receita.

RENDIMENTO: 4 pessoas

INGREDIENTES

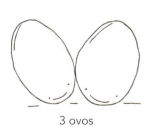

3 ovos

90g de cream cheese

Parmesão ralado a gosto

Sal a gosto

pizza de carne para comemorar o dia da pizza

PIZZA DE CARNE PARA COMEMORAR O DIA DA PIZZA

No Brasil o Dia da Pizza é comemorado em 10 de julho desde 1985. Essa data foi criada pelo secretário de Turismo Caio Luís de Carvalho, que organizou o "I Festival da Pizza da Cidade de São Paulo", concurso que elegeria as 10 melhores receitas de mussarela e margherita. Empolgado com o sucesso do evento, ele escolheu o dia do seu encerramento como data oficial de comemoração. E nada melhor do que comer uma bela pizza para celebrar esse dia! Mas, para sair do tradicional, te mostramos como fazer uma pizza de carne sem massa, perfeita para quem quer uma receita diferente. ;)

MODO DE PREPARO

1. Tempere a carne moída e coloque-a em uma assadeira como se fosse a massa da pizza.
2. Monte a pizza com molho de tomate, queijo, rodelas de tomate, azeitonas e orégano.
3. Leve ao forno por 30 minutos a 200°C.

DICA

Ao assar, a carne perderá líquido e por isso sua pizza vai diminuir de tamanho. Além disso, a sua forma vai ficar com aquele caldinho de carne. Retire esse líquido e sirva.

RENDIMENTO: 4 pessoas

INGREDIENTES

Carne moída

Molho de tomate

Mussarela

Azeitonas

Tomate

Orégano

BRIGADEIRO DE FARINHA LÁCTEA NO MICRO-ONDAS

Perdi as contas de quantas receitas de brigadeiros já experimentei, e confesso que nenhuma delas me surpreendeu tanto quanto esta de farinha láctea. Aliás, a surpresa veio em dose dupla ao fazer brigadeiros no micro-ondas pela primeira vez. Eles ficam absolutamente deliciosos e eu juro que não sinto nenhuma necessidade de fazê-los no fogão por conta da textura ou sabor. No micro-ondas, além de ser mais prático e rápido, não empelota e o processo é tão simples que não tem como errar. Até o Duca consegue fazer. :P

MODO DE PREPARO

1. Misture todos os ingredientes em um recipiente alto que possa ser levado ao micro-ondas.
2. Leve ao micro-ondas em potência alta por 3 minutos, retire e mexa bem. Coloque novamente por mais 3 minutos.
3. Enrole e passe as bolinhas no açúcar de confeiteiro para finalizar.

DICA

Use uma tigela alta porque a massa cresce durante o processo e isso faz com que ela não transborde.

RENDIMENTO: 4 pessoas

INGREDIENTES

4 colheres (sopa) de farinha láctea

395g de leite condensado

1 colher (sopa) de manteiga

Açúcar de confeiteiro (opcional)

CUPCAKE DE AZEITE E CANELA

O azeite é um ingrediente indispensável na nossa cozinha e, desta vez, fomos além do bacalhau! Fizemos bolinhos de azeite e canela que ficaram incríveis. Esta foi a primeira vez que usamos o azeite em uma receita doce e gostamos muito do resultado. Esses bolinhos são tradicionais em Portugal, é bem comum o uso do azeite nas confeitarias de lá. Me lembro de ter passado por alguns lugares em Lisboa e de ter visto vários tipos de doces com o azeite como ingrediente. Em princípio é um pouco estranho, para nós que não estamos acostumados, mas bastou uma mordida para me convencer de que essa combinação é muito saborosa e que esses bolinhos são uma excelente (e surpreendente) dica para o café da tarde. ;)

MODO DE PREPARO

1. Misture todos os ingredientes e bata até obter uma massa homogênea.
2. Coloque nas forminhas para cupcakes (se você preferir, também pode usar uma forma para bolo).
3. Leve ao forno pré-aquecido por 30 minutos a 180ºC.

DICA
Finalize com açúcar de confeiteiro.

RENDIMENTO: 2 pessoas

INGREDIENTES

1 xícara (chá) de farinha de trigo com fermento

1/2 xícara (chá) de azeite

1 xícara (chá) de açúcar

1 ovo

1 colher de sopa de canela em pó

1/2 xícara (chá) de leite

chocolate quente de nutella

CHOCOLATE QUENTE DE NUTELLA

Nos dias frios a gente sempre deseja uma comidinha quente, que conforta, daquelas que parecem fazer um carinho no nosso estômago, sabe? O inverno é a época do ano em que abusamos das massas, sopas e chocolates. Num dia desses, com direito à típica garoa de São Paulo, recebemos a visita do Otavio Albuquerque, do canal Rolê Gourmet. Em vez de oferecer um café ou um suco, preparamos a bebida quente mais gostosa do nosso mundo, feita com Nutella e servida ao som das histórias mirabolantes do Duca, que ele não se cansa de contar, recontar e até mesmo inventar. rsrsrs.

MODO DE PREPARO

1. Misture tudo e divida em 3 copos.
2. Leve ao micro-ondas um copo de cada vez por 2 minutos.

DICA

Dissolva bem a maizena no leite gelado para não empelotar. Quanto mais maizena você colocar, mais grosso o chocolate vai ficar.

RENDIMENTO: 3 pessoas

INGREDIENTES

3 colheres (sopa) de Nutella

600ml de leite

3 colheres (chá) de maizena

carne moída feita no forno

CARNE MOÍDA FEITA NO FORNO

A carne moída é um coringa em casa. A gente sempre faz várias receitas que ficam ainda melhores se acrescentarmos "boi ralado", como meu pai dizia. Tenho boas lembranças de pratos bem caseiros feitos com carne moída, arroz, feijão e ovo frito. Essa é a minha combinação preferida de comida, o meu "PF" perfeito. E do Duca também! Se você pensa que para ter aquela carne moída bem douradinha, super temperada e com gostinho de "casa da vovó" só mesmo esquentando a barriga no fogão, tenho uma boa notícia: ela pode ser feita no forno, sem gorduras e sem sujeiras. :)

MODO DE PREPARO

1. Tempere a carne e leve ao forno pré-aquecido por 15 minutos a 200°C.
2. Tire a carne, solte-a com um garfo e leve novamente ao forno por mais 15 minutos a 200°C.

DICA
Tempere a carne com sal, azeite e cheiro-verde.

RENDIMENTO: 2 pessoas

INGREDIENTES

300g de carne moída

Sal, azeite e cheiro-verde
(sugestão de tempero)

LASANHA DE BISCOITO

Quer surpreender com uma lasanha diferentona? Sugiro que você faça uma lasanha de biscoito! Além de inusitada, o assunto da mesa será sobre se o certo é falar biscoito ou bolacha. No final das contas isso pouco importa, porque essa receita é uma delícia, não tem como errar e a aprovação será unânime. O biscoito (ou a bolacha, como preferir) fica bem molhadinho e você pode caprichar no recheio usando os ingredientes da nossa sugestão ou os da sua preferência.

MODO DE PREPARO

1. Monte a lasanha com camadas de biscoito, molho de tomate, queijo e presunto. Comece uma nova camada com biscoito, creme de leite, queijo e presunto. E assim por diante. Na última camada, coloque o parmesão ralado.
2. Leve ao forno por 15 minutos a 200°C ou até gratinar.

DICA

Capriche no recheio e use tomates-cereja para enfeitar.

RENDIMENTO: 4 pessoas

INGREDIENTES

200g de biscoito de água e sal

200g de creme de leite

Mussarela

Queijo parmesão ralado a gosto

200g de molho de tomate

Presunto

MAC AND CHEESE

Somos um casal que almoça e janta junto quase todos os dias. Um fato curioso é que discordamos muito sobre o cardápio. Nossas comidas quase sempre são diferentes e não fazemos disso um problema. Quando a gente concorda sobre algum prato é um milagre, e nós precisamos registrar que o famoso Mac and Cheese nos agrada muito desde pequenos. Nós dois temos boas lembranças de infância de quando a gente comia macarrão ao queijo que vinha num pacotinho. Essa foi minha comida favorita durante um bom tempo da minha infância. Preparamos esta receita no forno e ela é perfeita para um jantar (sem discordâncias) a dois.

MODO DE PREPARO

1. Misture o leite, o ovo, a manteiga, a mussarela, o sal e a pimenta.
2. Coloque o macarrão em uma forma e adicione o molho.
3. Adicione parmesão ralado por cima.
4. Leve ao forno pré-aquecido por 30 minutos a 200°C.

DICA

Para o molho ficar ainda mais cremoso, acrescente 2 colheres (sopa) de catupiry.

RENDIMENTO: 2 pessoas

INGREDIENTES

250g de macarrão tipo parafuso cozido

1 colher (sopa) de manteiga

1 xícara (chá) de parmesão ralado

1 ovo

1 xícara (chá) de mussarela ralada

Sal e pimenta a gosto

3/4 de xícara (chá) de leite

COMO FAZER ARROZ SOLTINHO NO MICRO-ONDAS

Fazer arroz soltinho é uma missão. Na panela, para mim, é missão impossível. Não existe receita única e absolutamente verdadeira para se fazer arroz soltinho. Como nós aqui em casa não temos fogão e nem por isso dispensamos o trivial, tivemos que desenvolver a nossa "fórmula", o nosso jeitinho de fazer algumas comidas do dia a dia. O arroz não poderia faltar e te mostramos como é fácil e possível fazê-lo no micro-ondas, sem precisar se preocupar em não queimar a panela ou não colocar fogo na casa (no caso do Duca pilotar um fogão). Esta receita merece ser compartilhada, além de deliciosa é super prática e não suja quase nada na sua cozinha.

MODO DE PREPARO

1. Misture todos os ingredientes em um recipiente próprio para micro-ondas.
2. Leve ao micro-ondas por 20 minutos.
3. Solte o arroz e deixe-o secar por 5 minutos.

DICA

Utilize 1 saquinho de tempero para arroz ou os temperos de sua preferência.

RENDIMENTO: 2 pessoas

INGREDIENTES

1 xícara (chá) de arroz
(usamos parboilizado)

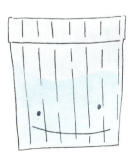

2 xícaras (chá) de água

1 colher (sopa) de azeite

SORVETE FIT

O nosso amigo Rodrigo Fernandes, do blog Jacaré Banguela, fez regime e emagreceu bastante. Nós também entramos na onda fit e, quando decidimos fazer algumas receitas leves e saudáveis, pensamos em pessoas que, como ele, são exemplos de que a alimentação saudável e a prática de exercícios regularmente melhoram as nossas vidas em todos os sentidos. Por isso o Rodrigo veio tomar um sorvete fitness com a gente e nos divertimos muito numa tarde entre amigos, cheia de conversas deliciosas e poucas calorias. ;)

MODO DE PREPARO

1. Corte a maçã, a beterraba e a cenoura em pedaços.
2. Adicione água de coco e misture tudo no mixer ou liquidificador.
3. Coloque em forminhas para picolés e leve ao congelador até ficar consistente.

DICA

A beterraba é energizante. Tome este suco ou sorvete após o treino para recuperar as energias.

RENDIMENTO: 3 pessoas

INGREDIENTES

1 maçã

1 beterraba

1 cenoura

500ml de água de coco

TORTA DO QUE TIVER

Torta é uma das melhores comidinhas da categoria "fora de hora". Não é preciso estar com fome para comer um pedacinho de torta, não é mesmo? E esta talvez seja a receita mais fácil de torta que já fiz. Ok, não fiz muitas receitas de torta, mas esta é realmente simples. O recheio pode ser do que você quiser ou tiver na sua geladeira. Essa é mais uma daquelas receitas que a gente jura que é super fácil: basta misturar tudo e colocar no forno. O sucesso é certo.

MODO DE PREPARO

1. Misture todos os ingredientes e coloque em uma forma untada, própria para ir ao forno.
2. Leve ao forno pré-aquecido por 45 minutos a 180°C ou até dourar e assar por completo. Faça o teste do garfo.

DICA

Para o recheio, use o que tiver. Nós usamos 1 lata de atum e 1 lata de seleta de legumes.

RENDIMENTO: 4 pessoas

INGREDIENTES

3 xícaras (chá) de farinha de trigo com fermento

Sal a gosto

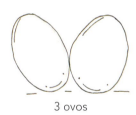

3 ovos

1 xícara (chá) de açúcar

3 xícaras (chá) de leite

1 xícara (chá) de óleo

COZINHA PARA CACHORRO: PETISCO RÁPIDO

Esta receita é simples e pode ser uma alternatina saudável aos produtos industrializados. O Tayson adora petiscos e ele me pede frequentemente um "mimo comestível". Em algumas ocasiões, quando temos visita em casa, por exemplo, ele só fica sossegado se estiver de barriga cheia ou se ganhar um pestisco. Lembramos que a maioria das rações apresenta todos os nutrientes que o seu filhote precisa. Sendo assim, as receitas do "Cozinha para Cachorro" servem para aquele "momento especial", tá? :)

MODO DE PREPARO

1. Misture os ingredientes.
2. Modele os petiscos.
3. Leve ao forno por 30 minutos a 180°C.

DICA

A temperatura pode variar um pouco de acordo com cada forno.

RENDIMENTO: 4 cachorros pequenos

INGREDIENTES

120g de papinha para bebê de carne com legumes

250g de gérmen de trigo tostado

ATENÇÃO: O "Cozinha para Cachorro" foi produzido com a consultoria da veterinária Janaina Reis. As receitas são complementares à alimentação que o seu cachorro já está acostumado, elas não substituem a ração. É importante ressaltar que alguns animais podem ter hipersensibilidade a algum ingrediente, mesmo que esse ingrediente tenha indicação para pets. Nesse caso, recomendamos que você procure um veterinário, que indicará a dieta ideal ao seu cão.

TORRADAS COM MANTEIGA DE CHOCOLATE

Uma vez vi uma receita linda de manteiga temperada com ervas, achei super diferente, ela era preparada em cubinhos em uma forma para gelos, tinha alecrim e um monte de outras "graminhas cheirosas" (como diz o Duca). Aquilo parecia ser tão gostoso! Para mim, esse era o máximo do "gourmet" a que uma manteiga poderia chegar, mas eu estava enganada. Aprendi a fazer uma manteiga de chocolate e superei todas as minhas expectativas (e as do Duca também). Que tal experimentar? :)

MODO DE PREPARO

1. Leve as fatias de pão ao forno pré-aquecido por 15 minutos a 180°C.
2. Amoleça a manteiga em banho-maria.
3. Triture os biscoitos.
4. Misture o cacau em pó, a farofa de biscoito e a manteiga. Mexa até ficar homogêneo.
5. Leve a geladeira até ficar consistente.

DICA

Use a manteiga nas torradas e finalize com raspas de chocolate.

RENDIMENTO: 4 pessoas

INGREDIENTES

1 pão italiano cortado em fatias

2 colheres (sopa) de cacau em pó

100g de manteiga sem sal

1 colher (sopa) de biscoito recheado de chocolate triturado

BRIGADEIRO DE NUTELLA COM FAROFA DE NOZES

Chamamos a nossa cozinha de "cozinha de estar". Ela é do tipo americana, faz parte da sala e este ambiente é o nosso preferido na casa. É onde nós passamos a maior parte do tempo quando estamos de folga e também onde recebemos nossos amigos. Geralmente gostamos de preparar algo especial quando temos visitas, e o casal Hariana e Cesinha, que tanto adoramos, foram os nossos amigos escolhidos para provar o brigadeiro de Nutella com farofa de nozes. <3

MODO DE PREPARO

1. Misture tudo.
2. Leve ao micro-ondas por 6 minutos e mexa na metade do tempo.
3. Coloque o brigadeiro em copinhos e adicione a farofa de nozes por cima (opcional).
4. Finalize com pedaços de nozes.

DICA

Para fazer a farofa, triture uma xícara de nozes e misture com uma colher de chocolate em pó.

RENDIMENTO: 4 pessoas

INGREDIENTES

2 colheres (sopa) de Nutella

395g de leite condensado

2 colheres (sopa) de chocolate em pó

Nozes a gosto

1 colher (sopa) de manteiga

pipoca fit

PIPOCA FIT

Falar em academia para o Duca é quase um tabu. Ele não gosta e já elaborou uma tese que defende os seus incontáveis motivos para não praticar exercícios diários. E um desses motivos é que ele se sente bem, bonito e gostoso mesmo estando gordinho. É plausível, mas não vale nada quando o assunto é a nossa saúde. Depois de muito esforço psicológico, eu e a Dri, nossa personal, conseguimos arrastá-lo para a academia. Além disso, ficamos atentos no que podemos mudar na nossa alimentação e descobrimos que a pipoca (que amamos!) pode ser saudável e fazer parte da nossa dieta. Ela é preparada sem gorduras, com milho comum, no micro-ondas. E tem mais: é ótima para saciar a fome e ajuda no funcionamento do intestino.

MODO DE PREPARO

1. Misture tudo em um recipiente alto que possa ser levado ao micro-ondas.
2. Cubra o recipiente com filme de pvc.
3. Faça 3 furos com palito de dente no filme de pvc.
4. Leve ao micro-ondas por 7 minutos ou até todo o milho estourar.

DICA

Para fazer a versão doce desta pipoca basta substituir o sal por 1 colher (sopa) de açúcar.

RENDIMENTO: 2 pessoas

INGREDIENTES

4 colheres (sopa) de milho

4 colheres (sopa) de água

Sal a gosto

TORTA RABANADA

A rabanada é um prato típico das festas de Natal, mas depois que aprendi a fazer esta receita nós passamos a comer esse doce durante todo o ano. A primeira vez que vi esta torta foi em um blog que adoro, o Panelaterapia, da Tati Romano. Achei a ideia ótima pois não temos fogão e, por isso, precisamos reinventar algumas receitas tradicionais que amamos. Além de ser uma versão sem frituras, o sabor é surpreendente e você aproveita aquele "pãozinho do dia seguinte" sem precisar de muitos ingredientes.

MODO DE PREPARO

1. Em um recipiente, misture os ovos, a maizena, o leite, a baunilha e o leite condensado. Reserve essa mistura.
2. Pique os pães.
3. Misture o açúcar com a canela.
4. Unte a forma com manteiga e um pouco da mistura do açúcar com canela.
5. Coloque os pães picados na forma e adicione a mistura do item 1.
6. Salpique o que sobrou do açúcar com canela e leve ao forno pré-aquecido por 40 minutos a 200°C.

DICA

A temperatura pode variar de acordo com cada forno.
Faça o teste do garfo.

RENDIMENTO: 4 pessoas

INGREDIENTES

2 pães

1/2 xícara (chá) de açúcar

1 colher (sopa) de maizena

1/2 caixinha de leite condensado

400ml de leite

1 colher (sobremesa) de canela em pó

2 ovos

1 colher (sopa) de extrato de baunilha

CHEESECAKE OREO

Esta é uma sobremesa prática, ideal para um piquenique. Eu e o Duca preparamos os nossos "cheesecakes oreo" no píer de Santa Monica, em Los Angeles, um lugar lindo que queríamos conhecer há bastante tempo. Esta foi uma oportunidade maravilhosa de fazer um vídeo para o CP2 e eternizar um momento mágico do nosso relacionamento. Nossa viagem para Los Angeles teve várias surpresas, mas esse tempinho que passamos na praia foi o melhor! Nossa dica é: escolha o lugar perfeito, prepare a sua cesta e convide alguém especial para saborear essa delícia com você!

MODO DE PREPARO

1. Misture o cream cheese, a baunilha e o açúcar.
2. Coloque o creme em um decorador de bolo e confeite os biscoitos.

DICA

Se você não tiver um decorador de bolo, utilize um saquinho plástico com uma das pontas cortadas.

RENDIMENTO: 4 pessoas

INGREDIENTES

180g de Oreo

2 colheres (sopa) de açúcar

200g de cream cheese

1 colher (chá) de extrato de baunilha

arroz cremoso de forno

ARROZ CREMOSO DE FORNO

Calcular a quantidade de arroz nunca dá certo na minha casa. Já que é assim, para mim, é sempre melhor sobrar do que faltar. Não gostamos de desperdiçar comida e, quando a gente prepara arroz, logo penso no que fazer com a sobra. Normalmente invento alguma gororoba, e a que mais gostamos é este arroz de forno. Ele é incrível porque aproveita o arroz e também tudo o que tiver "restinhos" na sua geladeira. O recheio pode variar e você não vai jogar comida fora.

MODO DE PREPARO

1. Misture tudo e coloque em uma travessa que possa ser levada ao forno.
2. Adicione parmesão.
3. Leve ao forno pré-aquecido a 200°C por 30 minutos ou até gratinar.

DICA

Para o recheio, use o que tiver. Nós usamos queijo, presunto, milho, ervilha e cenoura.

RENDIMENTO: 2 pessoas

INGREDIENTES

2 xícaras (chá) de arroz cozido

250ml de leite

2 colheres (sopa) de requeijão

1 ovo

Queijo parmesão ralado (opcional)

Cheiro-verde a gosto

suco drenante

SUCO DRENANTE

Uma ótima forma de inserir algumas vitaminas e nutrientes na nossa alimentação é através dos sucos e sopas. Este é feito com beterraba, cenoura e água de coco, excelente para diminuir o cansaço e desintoxicar o organismo. Comprar legumes, frutas e verduras no mercado ainda é um tabu para a gente. O que acontece na maioria das vezes é que compramos, comemos no primeiro dia e depois, por causa da falta de rotina ou da preguiça de lavar, cortar, descascar, nós esquecemos e eles acabam estragando na geladeira. Por isso fazer sucos e sopas com verduras, legumes e frutas já faz parte da nossa rotina e da nossa alimentação saudável.

MODO DE PREPARO

1. Use o mixer ou liquidificador para triturar e misturar todos os ingredientes.
2. Coe o suco (opcional).

DICA

Sirva bem gelado. Não precisa adoçar.

RENDIMENTO: 4 pessoas

INGREDIENTES

300ml de água de coco

1 cenoura ralada

1 beterraba ralada

miniabóboras recheadas

MINIABÓBORAS RECHEADAS

Que tal incluir o Halloween no seu calendário de festividades? Aqui no Brasil não é comum comemorar essa data, mas nós sempre achamos divertida a forma como os americanos celebram o Dia das Bruxas. Crianças se fantasiam e rolam muitas festas temáticas. A culinária não fica de fora e impressiona com apresentações de receitas macabras. Sangue feito com frutas vermelhas, por exemplo, te abre o apetite? A nossa receita não é tão assustadora assim, mas é muito gostosa e pode ser preparada com as crianças. A diversão na cozinha é garantida.

MODO DE PREPARO

1. Coloque 2 miniabóboras em uma travessa com um pouco de água e leve ao micro-ondas para cozinhar por 5 minutos.
2. Para cada colher de Catupiry, adicione 4 colheres de carne moída e misture.
3. Corte as tampas das miniabóboras e retire as sementes.
4. Recheie as miniabóboras.

DICA

Nós usamos um suporte de aranha para cada miniabóbora, mas uma alternativa divertida de decoração é fazer desenhos de "carinhas" nelas.

RENDIMENTO: 2 pessoas

INGREDIENTES

2 mini abóboras

100g de carne moída
(temperada e cozida)

2 colheres (sopa) de Catupiry

beijinho cremoso de micro-ondas

BEIJINHO CREMOSO DE MICRO-ONDAS

Tenho alguns blogs preferidos quando o assunto é culinária, e um deles é o Receitas de Minuto, da Gisele Souza. Ela é uma pessoa querida que conheci pessoalmente em 2012, e depois de algum tempo ficamos amigas. Admiro muito o trabalho e a disciplina que ela tem com o Receitas de Minuto e isso me inspira. Por falar em inspiração, fuçando nas receitas que ela publica encontrei um beijinho cremoso que me deu água na boca! Na receita da Gi ela usa fogão. Como não temos fogão em casa, testei uma versão no micro-ondas e deu certo. Chamamos ela para experimentar e passamos uma tarde deliciosa juntos, com muitos beijinhos. :*

MODO DE PREPARO

1. Misture tudo.
2. Leve ao micro-ondas por 6 minutos e mexa na metade do tempo.
3. Sirva em copinhos e finalize com coco ralado.

DICA

Utilize um recipiente alto e certifique-se de que ele pode ser levado ao micro-ondas.

RENDIMENTO: 4 pessoas

INGREDIENTES

50g de coco ralado

100g de creme de leite

1 colher (sopa) de manteiga

395g de leite condensado

sorvete de alface

SORVETE DE ALFACE

Conservar alface na geladeira, por mais que dure bastante, dura pouco. E alface é aquela coisa, não tem como comprar meio pé de alface, né? Ou leva um ou não leva nenhum. Eu adoro alface, mas o Duca não gosta, nem o Tayson, nosso cachorro. Por isso tenho que comer tudo sozinha. Fiz uma pesquisa de receitas com alface, ansiosa por algo que o Duca pudesse se interessar, e encontrei uma receita de sorvete. Achei muito boa, mas ela tinha açúcar e maracujá nos ingredientes. Não queria nada com açúcar e maracujá não me comove. Por isso, resolvi fazer uma adaptação e deu certo. Eu e o Tayson amamos, e o Duca disse que gostou. Tratando-se de alface, posso considerar isso um sucesso. rsrs.

MODO DE PREPARO

1. Corte a maçã em pedaços, pique as folhas de alface e misture tudo no mixer ou liquidificador.
2. Coloque em forminhas para picolés e leve ao congelador até ficar consistente.

DICA

Esta é uma receita "pet friendly". Lambidinhas são bem-vindas.

RENDIMENTO: 4 pessoas

INGREDIENTES

5 folhas de alface

1 maçã

500ml de água de coco

cupcake de ferrero rocher com nutella

CUPCAKE DE FERRERO ROCHER COM NUTELLA

Uma imagem vale mais do que mil palavras? Quando se trata de uma foto de cupcakes com cobertura de Nutella e Ferrero Rocher, sim! É delicioso só de imaginar. Eu e o Duca estávamos trabalhando quando uma foto dessa sugestão de receita pulou na nossa frente, compartilhada pela Rosana Hermann. Foi impossível ignorar os instintos de chocólatra do Duca e ele me influenciou. Fomos para a cozinha. Baseada na foto, fiz os cupcakes de chocolate com uma receita de micro-ondas. Se fizesse no forno eles demorariam muito e não tínhamos tempo para isso. Foi mais simples do que eu imaginava e os bolinhos acabaram mais rápido do que eu esperava. Nem se eu usasse mil palavras conseguiria descrever como essa sobremesa é deliciosa.

MODO DE PREPARO

1. Misture o açúcar, o leite, o óleo, o ovo, a farinha e o chocolate em pó.
2. Encha até a metade das forminhas para cupcake.
3. Leve ao micro-ondas por 2 minutos.
4. Faça buraquinhos no meio dos bolinhos e preencha-os com Nutella.
5. Para finalizar, coloque um bombom de Ferrero Rocher em cima da Nutella.

DICA

O tempo de cada micro-ondas pode variar. Certifique-se de que o seu micro-ondas está na potência alta e observe os bolinhos na metade do tempo.

RENDIMENTO: 4 pessoas

INGREDIENTES

4 colheres (sopa) de açúcar

4 colheres (sopa) de leite

Nutella

2 colheres (sopa) de óleo

Ferrero Rocher

1 ovo

4 colheres (sopa) de farinha de trigo com fermento

2 colheres (sopa) de chocolate em pó

ALHO ASSADO

Na nossa cozinha gostamos de comida bem temperada, e um dos nossos temperos preferidos é o alho. O Duca gosta tanto que chega a morder dentes de alho crus e eu sou obrigada a aguentar o bafo dele por muito tempo depois. Eu não chego a esse ponto, mas descobri que se a gente assar o alho ele fica levemente adocicado, macio e muito saboroso. E o melhor de tudo: não deixa bafo.

Esta é uma ótima dica para servir como aperitivo em um encontro com os amigos ou como entrada de um jantar a dois.

MODO DE PREPARO

1. Corte a tampa do alho.
2. Tempere com sal, orégano e azeite.
3. Leve ao forno pré-aquecido a 180°C por 40 minutos.

DICA

Sirva com torradinhas ou chips de queijo desidratado.

RENDIMENTO: 4 pessoas

INGREDIENTES

2 alhos

Orégano

Azeite

Sal

BOLOVO FIT (INSPIRADO NA DIETA DUKAN)

A dieta Dukan me impressionou bastante pela quantidade de adeptos no mundo todo e resolvi ler sobre o assunto. Realmente me parece uma dieta com resultados incríveis e na primeira fase pode-se comer à vontade carnes magras, frango e peixe. Laticínios e ovos também estão liberados em quantidades moderadas. Toda vez que me empolgo com uma dieta o Duca acaba entrando na onda "de gaiato". Ele reclama mas logo se adapta e fica tudo bem. Inspirada na dieta Dukan fiz o Bolovo, nosso bolinho de carne com ovo que já virou tradição na nossa cozinha mesmo quando não estamos de dieta.

MODO DE PREPARO

1. Molde a carne como se fosse uma trouxinha.
2. Coloque esta trouxinha em uma forma que sirva de apoio e possa ser levada ao forno.
3. Adicione o ovo no buraco da trouxinha de carne.
4. Leve ao forno pré-aquecido a 200°C por 50 minutos ou até que a carne esteja completamente assada.
5. Finalize com sal e cheiro-verde a gosto.

DICA

Durante o cozimento a carne pode soltar um pouco de água. Escorra e sirva.

RENDIMENTO: 2 pessoas

INGREDIENTES

200g de carne moída temperada

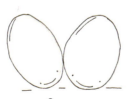

2 ovos

Cheiro-verde a gosto

95

COZINHA PARA CACHORRO: VITAMINA

Os suplementos naturais podem enriquecer a alimentação do seu cachorro, e por isso decidimos fazer uma vitamina para o Tayson. Nosso filhote gosta muito de legumes, especialmente de brócolis e couve-flor, mas com as frutas ele não se anima tanto. De vez em quando come um pedacinho de maçã, mas sem euforia. Por isso, apostamos na combinação desta receita e funcionou. O Tayson adorou e nós também. <3

MODO DE PREPARO

1. Retire a casca da maçã e corte-a em pedaços. Retire todas as sementes.
2. Corte a banana em rodelas.
3. Misture todos os ingredientes e bata no liquidificador.

DICA

Essa receita também pode ser feita sem leite.

RENDIMENTO: 2 cachorros pequenos

INGREDIENTES

1 maçã

1 banana

1 colher (sopa) de leite

1 colher (sopa) de aveia

200ml de água

ATENÇÃO: O "Cozinha para Cachorro" foi produzido com a consultoria da veterinária Janaína Reis. As receitas são complementares à alimentação que o seu cachorro já está acostumado, elas não substituem a ração. É importante ressaltar que alguns animais podem ter hipersensibilidade a algum ingrediente, mesmo que esse ingrediente tenha indicação para pets. Nesse caso, recomendamos que você procure um veterinário, que indicará a dieta ideal ao seu cão.

brigadeiro de leite em pó

BRIGADEIRO DE LEITE EM PÓ

Pensamos na combinação de duas coisas muito boas e fizemos brigadeiro de leite Ninho. Essa receita é tão simples e tão deliciosa que todas as vezes que faço fico orgulhosa de ter preparado um docinho tão gostoso com poucos ingredientes e em menos de 10 minutos. O Duca, que é fã de doces, provou, aprovou, repetiu e sempre pede mais. Tratando-se de brigadeiros, podemos dizer que esse está no nosso top 5 dos mais gostosos. ;)

MODO DE PREPARO

1. Misture tudo.
2. Leve ao micro-ondas por 6 minutos e mexa na metade do tempo.
3. Enrole os brigadeiros.
4. Finalize com leite em pó.

DICA

Use uma tigela alta porque a massa cresce durante o processo e isso faz com que ela não transborde.

RENDIMENTO: 4 pessoas

INGREDIENTES

4 colheres (sopa) de leite em pó

1 colher (sopa) de manteiga

395g de leite condensado

PUDIM DE MICRO-ONDAS

Uma das coisas que eu e o Duca mais concordamos na nossa relação é que pudim de leite condensado é uma das sobremesas mais gostosas que a gente conhece. No entanto, para entrar no nosso cardápio do CP2 não basta ser gostoso, tem que ser fácil de fazer e todos nós sabemos que pudim não é tão simples assim, né? Depois de 6 anos de casamento comprando pudim na padaria, nós descobrimos que é possível preparar uma versão fácil e rápida desse doce. Fica bonito? Não. Fica bom? MUITO. E para a gente o que importa é o sabor e o amor. Por isso, de agora em diante, tem pudim no nosso cardápio.

MODO DE PREPARO

1. Separe 4 formas pequenas que possam ser levadas ao micro-ondas. Em cada uma, misture 1 colher de açúcar com 1 colher de água e leve ao micro-ondas até caramelizar. Faça isso com uma forminha de cada vez e verifique de 30 em 30 segundos.
2. Em outro recipiente, misture o leite condensado, o ovo, o leite e encha as forminhas até a metade com essa mistura.
3. Leve ao micro-ondas por 2 minutos ou até endurecer. Faça isso com uma forminha de cada vez e verifique de 30 em 30 segundos.

DICA
Pode-se substituir a calda caramelizada por glucose.

RENDIMENTO: 4 pessoas

INGREDIENTES

1/2 xícara (chá) de leite condensado

4 colheres (sopa) de açúcar

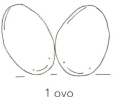

1 ovo

4 colheres (sopa) de água

1/2 xícara (chá) de leite

o fabuloso creme de milho

O FABULOSO CREME DE MILHO

Em casa, o creme de milho sempre rouba a cena, e por isso o apelidamos de "O Fabuloso Creme de Milho do Cozinha para 2". De acompanhamento, ele quase vira prato principal. Se bobear, de colher em colher, o creme de milho acaba rápido, antes mesmo de servirmos a refeição completa. O Duca não tem uma boa memória para gostos e comidas. Quando perguntei se ele gostava de creme de milho, ele respondeu: acho que sim, não sei se já comi. E eu sempre fico pasma e penso: como assim a pessoa não sabe se gosta ou não? Se já comeu ou não? rsrsrs.

Esta é uma receita com uma pitada de açúcar, que deixa o sabor levemente adocicado e faz desse creme de milho o melhor do nosso mundo. <3

MODO DE PREPARO

1. Misture tudo e leve ao micro-ondas por 6 minutos. Mexa na metade do tempo.

DICA

Deixe secar por alguns minutos. O creme fica bem encorpado.

RENDIMENTO: 4 pessoas

INGREDIENTES

200g de milho cozido

200ml de leite

1 colher (sopa) de açúcar

150g de cream cheese

2 colheres (sopa) de manteiga

Pimenta a gosto

PUDIM DE CHOCOTTONE

Ah, o Natal… Época de esquecer do regime e lembrar de fazer novas promessas, sendo que uma delas certamente será emagrecer. Quanta confusão! Bem, assim somos eu e o Duca. Confusos e incoerentes na nossa coerência. A gente come para malhar e malha para comer. E chega o Natal com as suas delícias para nos provar que somos fracos diante da comida e, diga-se de passagem, comida farta. Tchau, dieta! Oi, calorias, vocês são bem-vindas nesta época do ano. Principalmente se vierem em forma de pudim de chocottone, receita muito boa para aproveitar aquele monte de panetones que a gente ganha até no amigo secreto.

MODO DE PREPARO

1. Pique o chocottone e distribua os pedaços em uma forma untada.
2. Em um recipiente, misture o creme de leite, a manteiga, os ovos, o leite, o açúcar e o extrato de baunilha.
3. Despeje o creme na forma com o chocottone.
4. Leve ao forno pré-aquecido a 180°C por 40 minutos.

DICA

Finalize com açúcar de confeiteiro.

RENDIMENTO: 4 pessoas

INGREDIENTES

1/2 Chocottone

250ml de leite

200g de creme de leite

2 colheres (sopa) de açúcar

1 colher (chá) de extrato de baunilha

2 ovos

2 colheres (sopa) de manteiga

GELATINA DE CHAMPANHE

As festas do final de ano são uma delícia para quem gosta de experimentar novas receitas. A primeira vez que fiz esta sobremesa e pedi para o Duca experimentar, ele não tinha noção dos ingredientes e não adivinhou do que era. Fiquei um pouco decepcionada, mas logo me lembrei que ele é uma pessoa que não sabe a diferença de batata, mandioca e polenta. Sempre que conto isso para as pessoas elas não acreditam, mas é verdade e nós adoramos rir disso. O gosto do champanhe nessa receita é marcante, vai por mim. O resultado é surpreendente e agrada família e amigos.

MODO DE PREPARO

1. Dissolva a gelatina na água, misture bem e adicione o champanhe.
2. Coloque o líquido em copinhos, não encha todo o copo.
3. Leve à geladeira até ficar consistente.
4. Finalize com leite condensado e cerejas.

DICA

Para as crianças, a nossa dica é preparar com espumante sem álcool.

RENDIMENTO: 4 pessoas

INGREDIENTES

1 colher (sopa) de gelatina em pó vermelha, sem sabor

250ml de champanhe demi-sec

250ml de água quente

Cerejas e leite condensado para decorar

E viveram felizes (e com fome) para sempre.

Para saber mais sobre nossos lançamentos, acesse:
www.belasletras.com.br